Aphorismen

Randnotizen

Ernst Ferstl

© 2021 Ernst Ferstl

Herstellung und Verlag: BoD – Books on Demand,
                          Norderstedt, 2021

ISBN: 9783752623857

Copyright Aphorismen: Ernst Ferstl
                          www.gedanken.at

Layout: Angelika Ferstl

Die Intelligenz sagt uns,

dass es gelegentlich

gescheiter ist,

nichts zu sagen.

□□□

Wenn dich jemand

in die Wüste schickt –

mach eine Oase daraus!

□□□

Zu einem guten Gespräch

gehören zwei gute Zuhörer.

□□□

Eine positive Lebenseinstellung

erhöht die Chancen,

vom Leben positiv

überrascht zu werden.

Der ganz normale Wahnsinn

ist heutzutage

etwas ganz Normales.

□□□

Ärgern tut manchmal gut,

aber nie etwas Gutes.

□□□

Es war früher

nicht alles besser!

Manches war sogar

viel besser!

□□□

Zeitweise ist es bereits

eine gute Nachricht, wenn

die schlechten Nachrichten

nicht mehr werden.

Wertvolle Einsichten

gibt es nicht

zum Nulltarif.

◻◻◻

Wer nichts versäumen will,

muss alles mitmachen.

◻◻◻

Manche Menschen können

besonders gut kochen,

besonders innerlich.

◻◻◻

Das Glück hat

kein Verständnis dafür,

dass es oft nur

als Genussmittel

erwünscht ist.

Eine Lieblingsbeschäftigung

aller, die auf dem hohen Ross

sitzen: Prinzipien reiten.

□□□

Scharfsinnige Gedanken

sind oft zweischneidig.

□□□

Wer gut zuhört,

kann besser mitreden.

□□□

Die vielen Wegweiser,

denen wir im Laufe unseres

Lebens begegnen,

dürfen uns nicht davon abhalten,

unseren eigenen Weg zu gehen.

In einer Überflussgesellschaft

gibt es von allem zu viel,

auch von den Dummheiten.

□□□

Die Langzeitwirkung

eines Augenblicks hängt

von seiner Tiefenwirkung ab.

□□□

Nächstenliebe sollten wir

nicht nur üben,

sondern auch praktizieren.

□□□

Wer Geschmack hat,

dem schmeckt vieles

nicht.

Am Ende

sehen wir den Anfang

oft mit anderen Augen.

□□□

Eine Frau, die viel

auf Händen getragen wird,

braucht weniger neue Schuhe.

□□□

Wenn es wichtig ist,

die Kurve zu kriegen,

sollte die Geradlinigkeit

trotzdem Vorrang haben.

□□□

Je mehr Halbwahrheiten

verbreitet werden, desto enger

wird es für die Wahrheit.

Wer denkt, dass sich das Gute

immer durchsetzt,

denkt des Guten zu viel.

□□□

Die menschliche Faulheit

kennt alle Ausreden

beim Namen.

□□□

Die Vorfreude auf das,

was kommen wird,

war früher größer.

□□□

Wer für andere

immer erreichbar ist,

läuft Gefahr, von sich selbst

nichts mehr zu hören.

Wer geschwätzigen Zeitgenossen
sein Ohr leiht, bekommt es oft
lange nicht zurück.

□□□

Wer immer auf dem Teppich
bleiben will, muss auf
Höhenflüge verzichten.

□□□

Wer uns immer zur Seite steht,
steht uns nie im Weg.

□□□

Im Laufe des Lebens gibt es
immer wieder einmal etwas,
was man hinter sich
lassen muss.

Wer weiß, was er tun will,

sollte auch gut darin sein,

etwas nicht zu tun.

□□□

Vom Wohlfühlstandpunkt

aus gesehen ist die Welt

schön und gut.

□□□

Unsere Vorlieben

neigen zu Übergewicht.

□□□

Aus Fehlern,

denen wir treu bleiben,

haben wir noch nicht

genug gelernt.

Die Natur kennt den Überfluss,

aber keine Verschwendung.

□□□

Liebe braucht viel Miteinander

und viel Verständnis

füreinander.

□□□

Bei Gedanken kann man

den Blickwinkel ändern,

bei Gefühlen den Fühlwinkel.

□□□

Was ausgesprochen

uninteressant ist,

sollten wir uns lieber

nur denken.

Die Natur ist wie sie ist,

sie spielt uns nichts vor.

□□□

Der Weg der Liebe

führt nie

am Leben vorbei.

□□□

Will man sich durchsetzen,

muss man einiges

durchstehen.

□□□

Was ihre Mittelmäßigkeit

betrifft, sind manche Leute

einsame Spitze.

Kopflose Menschen

denken gar nicht daran,

ihr Hirn einzuschalten.

□□□

Wer aus der Haut fahren will,

sollte vorher wissen,

wohin die Reise geht.

□□□

Manche Leute

wollen nicht einsehen,

dass sie auch nur

Menschen sind.

□□□

Es steht nicht gut um uns,

wenn uns nichts

am Herzen liegt.

Bei Aphorismen ist mir

die Mehrdeutigkeit eindeutig

lieber als die Eindeutigkeit.

□□□

Wer für alles

eine Begründung braucht,

stellt alles in Frage.

□□□

Dass in jedem Menschen

etwas Gutes steckt,

ist ein gutes Beispiel

für ein positives Vorurteil.

□□□

Unvergessliche Augenblicke

geben der Zeit

ein Gesicht.

Schönreden kratzt

an der Glaubwürdigkeit.

□□□

Sehen wir doch positiv

in die Zukunft:

Es wird schon werden …

□□□

Menschen, die einander

gut verstehen,

hören einander

besser zu.

□□□

Wer viel denkt,

widerspricht sich des Öfteren.

Das Wohlfühlen gehört

zu den kostbarsten Gefühlen.

□□□

Manchmal merkt man

bereits beim ersten Schritt,

dass man zu weit gegangen ist.

□□□

Für den Umgang

mit gewissen Leuten

wäre eine Gebrauchsanweisung

sehr hilfreich.

□□□

Die Menschlichkeit

hat kein Parteibuch.

Schönheit

ist ein Rosengarten

fürs Auge.

◻◻◻

Die Doppelmoral

liebt Halbwahrheiten.

◻◻◻

Ist man zu vorsichtig,

hat man oft das Nachsehen.

◻◻◻

Wer mitreden will,

sollte gut zuhören können

und auch etwas zu sagen

haben.

Wer etwas vergeigt,

hat wahrscheinlich

den Bogen überspannt.

□□□

Wer wenig denkt,

ist leicht zu lenken.

□□□

Gibt es zu viele Werte,

sind auch wertlose dabei.

□□□

Man macht nichts verkehrt,

wenn man es denen nachmacht,

die sich nichts vormachen lassen.

Menschen, die ein offenes Ohr

für uns haben, sollten wir nie

übers Ohr hauen.

□□□

Wer zu viel von sich preisgibt,

zahlt irgendwann drauf.

□□□

Es ist schwer,

zwischen den Zeilen zu lesen,

wenn dort nichts geschrieben

steht.

□□□

Die auf dem hohen Ross sitzen,

sind sich sicher,

aufs richtige Pferd

gesetzt zu haben.

Menschen, die schnell

vom Hundertsten ins Tausendste

kommen, sind unberechenbar.

□□□

Kommt man unter die Räder,

ändert sich die Perspektive.

□□□

Es ist gar kein so

großer Unterschied,

ob man etwas aus einem Buch

herausliest oder in ein Buch

hineinliest.

□□□

Höflich können wir

zu vielen sein,

herzlich nur zu wenigen.

Vertrauen, das uns

entgegengebracht wird,

ist ein wertvolles Geschenk.

□□□

Der Körpersprache

ist die Ehrlichkeit

auf den Leib geschrieben.

□□□

Kocht jeder sein eigenes Süppchen,

sollte uns klar sein,

was wir damit anrichten.

□□□

Wer sich mit einem Schattendasein

zufrieden gibt, wird nie über

den eigenen Schatten springen.

Nicht alle,

die den Ton angeben,

treffen ihn auch.

□□□

Für Menschen mit Tiefgang

sind oberflächliche Gespräche

sehr anstrengend.

□□□

Ungeschriebene Gesetze

lassen keine Ausnahmen

gelten.

□□□

Ist es nicht ein bisschen gemein,

dass im Wort „gemeinsam"

das Wort „einsam" steckt?

Die Weisheit des Herzens

ist mit der Weisheit des Kopfes

nicht vergleichbar.

□□□

Wer die Stille nicht liebt,

der verdient sie

auch nicht.

□□□

Die Stroh im Kopf haben,

haben fürchterliche Angst

vor Geistesblitzen - sie könnten

ein Strohfeuer entfachen.

□□□

Leere Köpfe

sind leicht zu durchschauen.

Dass die Wahrheit oft

ziemlich bitter ist,

das schmeckt uns gar nicht.

□□□

Der langen Rede kurzer Sinn:

vielleicht ja

oder vielleicht nein.

□□□

Manche Leute muss man

vor den Kopf stoßen,

damit man sieht, ob sie

ein Hirn haben.

□□□

Umwege machen uns reich

an Erfahrungen.

Es gibt verspielte Menschen -

und Menschen, die uns gern

etwas vorspielen.

□□□

Worte,

die zu Herzen gehen,

lösen Gefühle aus.

□□□

Das einzig Positive

an der Dummheit ist,

dass sie uns gelegentlich

zum Lachen bringt.

□□□

Unsere Stärken und Schwächen

bleiben uns ein Leben lang treu.

Mit einem Hungergefühl

fühlt man sich irgendwie

schlanker.

▢▢▢

Für der Wertschätzung

eines geliebten Menschen

gibt es keinen Rabatt.

▢▢▢

Bei jenen, die sagen, dass sie

hinter uns stehen,

sollten wir wissen,

was sie in der Hand haben.

▢▢▢

Das Spezialgebiet vieler Leute

ist die Mittelmäßigkeit.

Was einfach ist,

lässt sich nicht mehr

vereinfachen.

□□□

Herzlichkeit

ist ein Gütezeichen

für gute Menschen.

□□□

Die innere Uhr

hat keine Zeiger,

zeigt aber vieles an.

□□□

Es ist unsere Entscheidung,

ob wir uns unsere Zukunft

schwarz, rosarot oder bunt

ausmalen.

Was in einem Menschen steckt,

sieht man oft erst,

wenn er über sich hinauswächst.

□□□

Was uns nachts den Schlaf

raubt, stiehlt uns unsere

Träume.

□□□

Je mehr man unter Strom steht,

desto höher

ist die Kurzschlussgefahr.

□□□

Wir könnten vieles

anders machen,

aber würde das viel

ändern?

Die Zeit lässt auf sich warten,

wenn sie noch nicht reif ist.

□□□

Die Natur kennt keine Vorsicht,

nimmt keine Rücksicht

und übt keine Nachsicht.

□□□

Scheinheilige brauchen

einen Heiligenschein,

damit sie glaubwürdig

erscheinen.

□□□

Die Argumente mancher Leute

sind so weit hergeholt,

dass sie wahrscheinlich

vom Mond stammen.

Wer hungrig ist,

schaut nicht über den Tellerrand.

□□□

Wer treffen will,

muss ein Ziel

im Auge haben.

□□□

Gedanken, die wir haben,

sind meistens harmlos –

gefährlich sind nur Gedanken,

die uns im Griff haben.

□□□

Eine große Freude ist riesig,

wenn man die Erwartung

und die Erinnerung dazuzählt.

Loslassen

kann ein wichtiger Schritt

nach vorne sein.

□□□

Krisenzeiten kosten uns einiges,

aber sie sollten uns keinesfalls

den Humor kosten.

□□□

Manche Leute kann man

komischerweise viel besser riechen,

wenn sie nicht in der Nähe sind.

□□□

Wer mit der Tür ins Haus fällt,

hat sich wahrscheinlich zu weit

aus dem Fenster gelehnt.

Dummköpfe gehen gern

den Weg des geringsten

Verstandes.

□□□

Man wünscht anderen viel Glück.

Sollte man vielen nicht lieber

viel Verstand wünschen?

□□□

Nachtragende Zeitgenossen

haben große Probleme damit,

wenn ihnen etwas

vorgeworfen wird.

□□□

Wer sich zu viele Gedanken macht,

kommt nicht mehr zum Mitdenken.

Wer gut zuhören kann,

ist meistens auch

ein guter Beobachter.

□□□

Steht einem das Wasser

bis zum Hals,

ist es zu spät zum Untertauchen.

□□□

Gewissen Leuten zeigen wir nur

unsere Schokoladenseiten,

damit sie uns nicht

durch den Kakao ziehen können.

□□□

Wer die Großschreibung

nicht beherrscht,

versucht sie kleinzureden.

Zeitweise ist die Zeit bereits reif,

aber die Menschen

sind es noch nicht.

□□□

Fragezeichen sind biegsamer

als Rufzeichen.

□□□

Manche Menschen können uns

so schöne Augen machen,

dass einem die eigenen

aus dem Kopf fallen.

□□□

Manche Leute fühlen sich

himmlisch,

wenn sie anderen die Hölle

heiß machen können.

Höhepunkte mit Tiefgang

sind unvergesslich.

◻◻◻

Dem Erfinden von Ausreden

sind keine Grenzen gesetzt.

◻◻◻

Bei einem Gespräch

unter vier Augen,

sollte man auch

die Anzahl der Ohren

auf vier beschränken.

◻◻◻

Unmenschlichkeit

ist eine Gotteslästerung.

In jeder Intoleranz steckt

ein Stück Unmenschlichkeit.

□□□

Wer uns Geborgenheit

schenkt,

macht uns reich.

□□□

Wer Umwege geht,

braucht länger zum Ziel,

aber der Weg

ist kurzweiliger.

□□□

Denken ist Saat,

Schreiben ist Ernte.

Menschen, mit denen man

nicht umgehen kann,

sollte man umgehen.

□□□

Auf bessere Zeiten

wartet man am besten,

während man schläft.

□□□

Wenn einem gewisse Leute

alles Gute wünschen,

weiß man nie, wie viel

oder wie wenig das ist.

□□□

Vorurteile dulden

keine Nachforschungen.

Was vom Tisch ist,

kann man getrost

unter den Teppich kehren.

□□□

Es gibt Gedanken,

für die uns die Worte fehlen.

□□□

Alles steht und fällt

mit dem, was uns liegt

und was uns nicht liegt.

□□□

Einen großen Bogen

um sich selbst zu machen,

ist meistens ein Zeichen,

dass einiges nicht rund läuft

im Leben.

Wer sich zu viel gefallen lässt,

wird leicht und oft

fallengelassen.

□□□

Die Probleme der Globalisierung

sind hausgemacht.

□□□

Geradlinige Menschen

müssen sich damit abfinden,

oft schief angesehen zu werden.

□□□

Kleine Sorgen können

deshalb so groß werden,

weil wir sie unentwegt

mit unserer Aufmerksamkeit

füttern.

Die Lieblingsbeschäftigung

gemischter Gefühle:

Achterbahn fahren.

□□□

Ziele, die man vor sich herschiebt,

stehen einem irgendwann

im Weg.

□□□

Das Temperament

mancher Menschen

gleicht einem Vulkan –

einem schon lange erloschenen.

□□□

Viele Leute wachsen

über sich hinaus, genauer gesagt:

in die Breite.

Schwarzsehen kann man auch,

wenn es einem zu bunt wird.

□□□

Wer in die Natur hineinhört,

kann wichtige Botschaften

heraushören.

□□□

Steht einem das Wasser

bis zum Hals,

sind kalte Füße

nur ein Randproblem.

□□□

Schüsse, die nach hinten losgehen,

haben eine hohe Trefferquote.

Auch die Normalität

ist nichts Selbstverständliches.

□□□

Unser Weltbild

ist das Schaufenster

unserer Gedanken.

□□□

Das Gefühlte gibt uns

oft mehr zu denken

als das Gedachte.

□□□

Die nicht zuhören können,

hören überhaupt nicht gern,

dass sie nicht zuhören können.

Wer Anstand hat,

kann problemlos

Abstand halten.

□□□

Das Maul mancher Leute

ist größer als ihr Gesicht.

□□□

Wenn ich mich nicht täusche,

habe ich mich schon oft

getäuscht.

□□□

Wer den Sinn

für den Sinn des Lebens

verliert, ist verloren.

Ein gesundes Selbstwertgefühl

ist ein guter Schutz gegen

jede Art von Bevormundung.

□□□

Auch der Aberglaube verlangt,

dass man an ihn glaubt.

□□□

Nicht die Jahre machen uns alt,

sondern die vielen Erinnerungen.

□□□

Wer mit der Tür ins Haus fällt,

darf nicht erwarten,

mit offenen Armen

empfangen zu werden.

Komisch:

Die großzügig im Nehmen sind,

sind oft kleinlich im Geben.

□□□

Vorgespielte Ehrlichkeit

verspielt

das gesamte Vertrauen.

□□□

Regelmäßigkeit

regelt vieles

von selbst.

□□□

Geben wir

eine alte Gewohnheit auf,

warten schon zwei neue

Gewohnheiten auf uns.

Die Dummheit lässt sich nicht

für dumm verkaufen,

dafür ist sie zu gescheit.

□□□

Die neue Gleichberechtigung:

gleicher Abstand für alle

und zu allen.

□□□

Mein Hirn ist

mit meinen Gedanken per Du,

mit meinen Gefühlen per Sie.

□□□

Wenn uns jemand

etwas vormacht,

sollten wir schauen,

was dahintersteckt.

Man kann nicht

pessimistisch denken

und optimistisch reden.

□□□

Wer seine Grenzen

genau kennt, kennt auch

ein paar Schlupflöcher.

□□□

Der Wind richtet sich nicht

nach den Himmelsrichtungen.

□□□

Will man sehen,

was bereits hinter einem liegt,

muss man sich umdrehen –

dann liegt es vor einem.

Es schaut nicht gut für uns aus:

Der gesunde Menschenverstand

hat sich krankgemeldet.

□□□

Die Stille

lässt uns immer

ausreden.

□□□

Ein Mittel zum Erfolg

ist das Durchhaltevermögen.

□□□

Die Frage

nach dem Sinn des Lebens

ist schwer zu beantworten,

weil es so viele Antworten

darauf gibt.

Nichts ist billiger

als Ausreden.

□□□

Wenn jeder nur auf seinen

Vorteil schaut, fehlt uns

das rechte Augenmaß.

□□□

Wer sich und den anderen

etwas vormacht,

ist noch nicht

bei sich angekommen.

□□□

Mit Menschen, die einem

nichts zu sagen haben,

kann man zwar reden,

aber kein Gespräch führen.

Wer richtig falsch ist,

ist bösartig.

□□□

Spurensucher versuchen,

möglichst wenig Spuren

zu hinterlassen.

□□□

Wer alles auf die leichte

Schulter nimmt,

tut sich schwer,

Verantwortung zu tragen.

□□□

Es gibt viele Wegweiser,

aber nur wenige

Richtungsweiser.

Wo es an Verständnis

füreinander fehlt, kann

das Vertrauen nicht wachsen.

□□□

Was wir sagen,

ist ein Spiegel dessen,

was wir denken.

□□□

Wer kopflos handelt,

verliert sein Gesicht.

□□□

Pessimisten bringen Optimisten

manchmal zum Weinen,

Optimisten bringen Pessimisten

oft zum Lachen.

Ein sinnerfülltes Leben

hat eine Fülle von

positiven Nebenwirkungen.

□□□

Wer mit der Sprache arbeitet,

ist nie arbeitslos,

aber manchmal sprachlos.

□□□

Ohne Punkt fehlt

dem Ruf- und dem Fragezeichen

das Fundament.

□□□

Wer die Hoffnung

aufgibt, hat sich

aufgegeben.

Nicht jeder,

der zu sich kommt,

will längere Zeit

dortbleiben.

□□□

Der innere Schweinehund

kennt keine Gewissensbisse.

□□□

Die Götter des Zeitgeistes

wollen vergöttert werden.

□□□

Am Stammtisch sind brennende

Fragen kein Problem.

Sie werden sofort mit Bier

oder Wein gelöscht.

Was bei manchen Leuten

an Bildung fehlt,

füllen sie durch Einbildung auf.

◻◻◻

Was uns nichts angeht,

sollte uns gar nicht interessieren –

tut es aber manchmal trotzdem.

◻◻◻

Das Sitzen auf dem hohen Ross

schützt nicht

vor niedriger Gesinnung.

◻◻◻

Menschen, die mehr denken

als reden, sind mir lieber

als umgekehrt.

Wir sollten Gefühle

an uns heranlassen,

sonst suchen sie das Weite.

□□□

Wer eine Bindung eingeht,

sollte sie hegen und pflegen,

damit sie nicht eingeht.

□□□

Gute Laune macht

unternehmungslustig.

□□□

Eine enge Beziehung

zur Lieblingsjeans

ist ja schön und gut,

aber muss sie wirklich

so eng sein?

Oberflächliche Menschen

wissen sich mit tiefen Gedanken

nichts anzufangen.

□□□

Das globale Denken

steckt noch in den

Kinderschuhen.

□□□

Was wir nicht wahrhaben wollen,

fällt uns irgendwann auf den Kopf.

□□□

Wer offen reden will,

sollte schauen,

wer offene Ohren

dafür hat.

In jedem von uns

steckt mehr, als wir

zu wissen glauben.

□□□

Auch ein maßvolles Leben

ist ein volles Leben.

□□□

Unser Weltbild ist so groß

wie unser Denkvermögen.

□□□

Jeder Mensch hat

ein paar private Vorurteile,

gut getarnt

als Vorlieben.

Nur wer seine Grenzen

gut kennt und anerkennt,

kann sie erweitern.

□□□

       Gefühle kennen

kein Haltbarkeitsdatum.

□□□

Moralapostel würden

die Gefühle am liebsten

in Zwangsjacken stecken.

□□□

Wer das Schweigen

nicht ertragen kann,

muss sehr viel reden.

Es ist ein himmelhoher Unterschied,

ob wir aufeinander zu

oder los gehen.

□□□

Die Erde braucht

die Zuwendung der Sonne,

sonst wäre sie unbrauchbar.

□□□

Wer andere anschwärzt,

trifft damit meistens nicht

ins Schwarze.

□□□

Eine Menschenschlange

ist nicht giftig,

höchstens ein paar Leute

in der Schlange.

Was auf der Hand liegt,

kann man nicht mehr

unter den Teppich kehren.

□□□

Herzlose Menschen kennen

keine Warmherzigkeit.

□□□

Es sieht lächerlich aus,

wenn die Kleidersprache

nicht zur Körpersprache

passt.

□□□

Wer sich leicht

einwickeln lässt,

kann sich nur schwer

entwickeln.

Wird die Eigenliebe

nicht erwidert, ist man

eindeutig selber schuld.

□□□

Klimanotstand:

Mutter Erde erwärmt sich

gegen uns.

□□□

Das Mundwerk mancher Leute

ist so groß, dass nur noch

sehr wenig Platz fürs Hirn bleibt.

□□□

Wer seine Pflichten

grob verletzt,

hat kein Anrecht auf seine Rechte.

Wer Gefühl hat,

hat mehr

von seinen Gefühlen.

□□□

Bilder,

die wirken,

prägen sich tief ein.

□□□

Wenn man überall ansteht,

bleibt oft nur noch

die Flucht nach vorne.

□□□

Eine Dummheit,

die Beachtung findet,

bläst sich auf.

Die Abgründe

der Unmenschlichkeit

werden immer tiefer.

□□□

Was wir lange verfolgen,

holt uns irgendwann ein.

□□□

Wir finden es natürlich,

dass die Natur uns gehört.

□□□

Wer federleicht durchs Leben

kommen will, macht es

vielen anderen manchmal

ziemlich schwer.

Was jedem einleuchtet,

braucht man nicht

zu erklären.

□□□

Keine Geduld zu haben

kostet Nerven.

□□□

Auch zuckersüße Worte

können bitterböse sein.

□□□

Manche Aphorismen

schreibe ich nur,

um gewissen Leuten

die Leviten zu lesen.

Das Umdenken

ist meistens viel schwerer

als man denkt.

□□□

Für das Gewissen

ist die Aufrichtigkeit

wichtiger als die Gerechtigkeit.

□□□

Aus Erfahrungen

kann man klug werden,

aber auch herzlos oder böse.

□□□

Stark angepasste Menschen

sind sehr gut beim Kopfnicken,

aber schlecht beim Kopfschütteln.

Mit einem schlechten Gedächtnis

wird die gute alte Zeit

noch besser.

□□□

Die Intelligenz des Herzens

wird vom Verstand

oft unterschätzt.

□□□

Wenn Egoisten

keinen Egoismus hätten,

wären sie ganz allein.

□□□

Im Alter wird es

Jahr für Jahr schwieriger,

jung zu bleiben.

Tiefe Gedanken und Gefühle

kommen aus dem Herzen.

□□□

Wie der Mensch,

so sein Weltbild.

□□□

Einfühlungsvermögen

lässt sich nicht

umverteilen.

□□□

Man kann sich einige

Denkzettel ersparen,

wenn man sich rechtzeitig

Zeit zum Denken nimmt.

Auch jede zweite Seite

hat ihre zwei Seiten.

□□□

Kopfschütteln

ist noch keine Tat.

□□□

Reiche Leute erkennt man

auch daran, dass sie

nichts zu verschenken haben.

□□□

Unser Verstand sollte

die Gefühle nicht aussperren,

sondern immer eine Tür

für sie offenlassen.

Unser Reichtum an Problemen

miteinander

ist ein Armutszeugnis.

□□□

Wer allen gefallen will,

tut damit niemand

einen Gefallen.

□□□

Denken wir eigentlich

noch analog

oder bereits digital?

□□□

Starke Persönlichkeiten

haben ein Kraftfeld

um sich herum.

Wer beim Denken nie

auf dumme Gedanken kommt,

hat zu früh aufgehört.

□□□

Glück muss man gleich

genießen, es lässt sich

nicht konservieren.

□□□

Fühlen lenkt

vom Denken ab.

□□□

Im ersten Teil unseres Lebens

lernen wir schneller,

im Alter vergessen

wir schneller.

In der Stille

kann auch die Sprachlosigkeit

zu Wort kommen.

❑❑❑

Auf dem Weg zu sich selbst

gibt es viele Wege und Umwege,

aber keine Abkürzungen.

❑❑❑

Der Sprung ins kalte Wasser

ist eine tolle Vorübung

für den Sprung

über den eigenen Schatten.

❑❑❑

Wer aus guten Beispielen lernt,

macht weniger schlechte

Erfahrungen.

Auf dem richtigen Weg

sind wir erst,

wenn die Richtung stimmt.

□□□

Ich bestehe darauf,

gelegentlich meine Meinung

für mich zu behalten.

□□□

Menschen,

denen wir egal sind,

lassen uns wenigstens

in Ruhe.

□□□

Unser Verstand

sollte unser Herz

nicht zu leicht nehmen.

Besserwisser

wissen die Antwort

schon vor der Frage.

□□□

Ein Scherbenhaufen bringt

keinen Haufen Glück.

□□□

Das Lästern sollten wir uns

nie angewöhnen, sonst wird

daraus ein Laster.

□□□

Wenn das Gesicht spricht,

darf der Mund schweigen.

Will man etwas verdrängen,

muss man sogar das

verdrängen.

□□□

Lieben und lieben lassen:

das eine belebt das andere.

□□□

Hohe Erwartungen haben

eine große Fallhöhe.

□□□

Manche Menschen sind

mit ihren Sorgen

überversorgt.

Bei manchen Leuten

hat man das Gefühl,

dass sie gefühlsmäßig

an der Armutsgrenze leben.

□□□

Bei Schwarzsehern

ist die Dunkelziffer

relativ gering.

□□□

Wer viel Wind um sich macht,

muss mit viel Gegenwind

rechnen.

□□□

Träume kennen

das Gesetz der Schwerkraft

nicht.

Würden wir einander

besser verstehen,

hätten wir mehr Verständnis

füreinander.

□□□

Die falschen Worte

findet man viel schneller

als die richtigen.

□□□

Die Größe mancher Kleinigkeiten

ist schwer zu berechnen.

□□□

Manchen Menschen

nimmt man nicht ab,

was sie sagen, weil sie sich

zu wichtig nehmen.

Manchmal verschenkt man
einen Sieg, weil man
als guter Verlierer
mehr gewinnen kann.

□□□

Die Natur zeigt uns den Weg:
weg vom Unnatürlichen,
hin zur Natürlichkeit.

□□□

Nichts gegen Geschenke,
aber nur, wenn es
ohne Gegengeschenke geht.

□□□

Größenwahn ernährt sich
von der Erniedrigung
anderer.

Dass uns jemand immer wieder

auf den Arm nimmt,

sollten wir nicht

auf uns sitzen lassen.

□□□

In den Rücken fallen

können uns auch jene,

die hinter uns stehen.

□□□

Menschliches Versagen

kann schlimme Folgen haben,

am schlimmsten aber

ist das Versagen als Mensch.

□□□

Wissen kann man erwerben,

Weisheit wird geschenkt.

Heutzutage traut sich

niemand mehr auszupacken,

weil man sonst einpacken kann.

□□□

Anerkennung und Wertschätzung

können Mehrwertgefühle auslösen.

□□□

Was uns sprachlos macht,

können wir oft erst später

zur Sprache bringen.

□□□

Hat man mit Leuten zu tun,

mit denen man

nichts zu tun haben will,

tut man am besten so,

als hätte man viel zu tun.

Die Lüge kennt die Wahrheit,

aber sie will sie einfach

nicht wahrhaben.

□□□

Wer um zu viele Ecken denkt,

geht mit der Zeit im Kreis.

□□□

Wo für die einen

der Spaß aufhört,

fängt er für die anderen

erst an.

□□□

Will man weniger

miteinander reden,

muss man mehr

übereinander reden.

Bei manchen Leuten

dauert der Kapiervorgang

sehr sehr lange.

□□□

Unsere Grundsätze

diktieren unser Leben.

□□□

Selbst auf dem richtigen Weg

weiß man manchmal

nicht weiter.

□□□

Wir brauchen mehr Tankstellen

für unseren Verstand

und mehr Dankstellen fürs Herz.

Geht es bergab,

fällt es gar nicht auf,

wenn man sich gehen lässt.

□□□

Gefühle können

unsere Gedanken ändern.

□□□

Wer sagt,

was alle hören wollen,

darf mit vielen Zuhörern rechnen.

□□□

Das Glück fragt,

ob es willkommen ist,

das Unglück nicht.

Alles mit Maß und Ziel.

Wer maßlos ist,

ist auch ziellos.

□□□

Einen guten Ruf

muss man sich erst einmal

leisten können.

□□□

Das Finden darf uns

nicht davon abhalten,

weiter zu suchen.

□□□

Wenn es der Glaube nicht schafft,

Berge zu versetzen,

braucht er die Mithilfe der Liebe.

Mit einem Stein,

der einem vom Herzen gefallen ist,

wirft man nicht!

□□□

Gedanken lassen sich

viel leichter vergleichen

als Gefühle.

□□□

Manchmal ist ein Vorgefühl

viel schöner als das,

was dann folgt.

□□□

Verstecken ist ein Kinderspiel,

das viele ihr ganzes Leben lang

gern spielen.

Leute mit wenig Hausverstand

haben oft viele Vorurteile.

□□□

Begeisterung

hat wesentlich mehr Vorteile

als Nachteile.

□□□

Der Mensch ist

in seiner Entwicklung

noch nicht soweit, dass er sich nicht

gelegentlich zum Affen macht.

□□□

Wer den Mund nicht halten kann,

kann auch nicht Wort halten.

Der Humor mancher Leute

ist ziemlich unfreiwillig.

◻◻◻

Fantasiebegabte Menschen

sind sogar im Nichtstun

kreativ.

◻◻◻

Wenn jemand eine Wahrheit

absolut nicht hören will,

muss man sie ihm

ins Gesicht sagen.

◻◻◻

Die meisten Unzufriedenen

wollen einfach zu viel.

Die Dummheiten mancher Leute

sind zum Niederlegen –

im Stehen hält man die nicht aus.

□□□

Wer zart besaitet ist,

sollte lieber die zweite

als die erste Geige spielen.

□□□

Sinnlichkeit ist Nahrung

für die Zärtlichkeit.

□□□

Unhöflichkeit

hat in einer guten Beziehung

nichts verloren

und nichts zu suchen.

Mit ein paar guten Gedanken

ist leider noch nichts Gutes

getan.

□□□

Wer Herz, Hirn und Humor hat,

hat seine Glücksbringer

immer dabei.

□□□

Halbbildung fördert

die Zunahme

von Halbwahrheiten.

□□□

Der Schlüssel zum Erfolg

ist meistens ein anderer

als der zum Glück.

Wenn uns die Worte fehlen,

sollten wir unsere Gefühle

sprechen lassen.

□□□

Die Einstellung „Hinter uns

die Sintflut!" bedeutet

nichts Gutes für unsere Kinder.

□□□

Wer sich unterschätzt,

darf gelegentlich

mit angenehmen Überraschungen

rechnen.

□□□

Gleichgültigkeit

macht denkfaul.

Es kommt von Herzen,

wenn wir uns etwas

von der Seele reden.

□□□

Der Zweifel gehört

zum Glauben

wie der Schatten zum Licht.

□□□

Bei manchen Leuten

weiß man es bereits vorher,

dass sie nachher bereits alles

vorher gewusst haben.

□□□

Was sich tief einprägt,

prägt unser Leben.

Es ist keine Kunst,

zu dem zu stehen,

was einem liegt.

□□□

Sind Katastrophen

negative Wunder?

□□□

Manche Menschen reden

soviel heiße Luft, dass es nur

eine Frage der Zeit ist, bis sie sich

die Zunge und den Mund

verbrennen.

□□□

Die auf dem hohen Ross sitzen,

halten sich immer ein paar

Steigbügelhalter.

In der freien Natur

ist man auch allein

in bester Gesellschaft.

□□□

Weisheit einer Eintagsfliege:
Warte nie auf bessere Zeiten.

□□□

Jeder Mensch hat schon

bessere Tage gesehen –

das macht die guten

noch wertvoller.

□□□

Wir sollten es uns

hinter die Ohren schreiben,

dass wir nicht für alles

offene Ohren haben können.

Das Brett vor dem Kopf

kommt nie aus der Mode.

□□□

Wer mitspielen will,

sollte wissen,

was gespielt wird.

□□□

Das Schwierigste an zwischen-

menschlichen Beziehungen ist,

dass immer irgendetwas

oder irgendwer

dazwischen kommt.

□□□

Wer sein Ziel nicht

aus den Augen verliert,

ist gut unterwegs.

Wer viel Selbstvertrauen hat,

kann vieles gelassener nehmen.

□□□

Wer offene Ohren einrennt,

braucht nicht auch noch

mit der Tür ins Haus zu fallen.

□□□

Was wir nicht wissen,

wissen wir nicht.

Was wir nicht wissen wollen,

schon.

□□□

Wir fressen oft

zu viel in uns hinein –

auch mit den Augen

und den Ohren.

Es ist schwer,

zu Menschen zu stehen,

die leicht umfallen.

□□□

Es kann ins Auge gehen,

wenn uns jemand ins Auge sticht,

weil er uns schöne Augen macht.

□□□

Wenn wir unsere Mitmenschen

besser durchschauen könnten,

würden wir uns wundern, wer

mit wem unter einer Decke steckt.

□□□

Jasager halten alle Neinsager

für Versager.

Menschen, die uns viel geben,

sollten wir nicht alles

abverlangen.

□□□

Die große Geduldreserven haben,

lassen sich nicht so leicht

aus der Reserve locken.

□□□

Wenn vieles danebengeht

im Leben, wird aus dem Leitfaden

ein Leidfaden.

□□□

Was wir in der Schule des Lebens

nicht hören wollen, schreibt uns

das Leben hinter die Ohren.

Gegen die Dummheit

ist kein Kraut gewachsen,

nicht einmal ein Unkraut.

□□□

Was den inneren Schweinehund

betrifft, ist jeder Mensch

ein Alleinerzieher.

□□□

Wenn jemand viel und oft

auf dem Holzweg unterwegs ist,

besteht die Gefahr,

dass irgendwann der Wurm drin ist.

□□□

Die Macht der Gewohnheit

sollte zumindest

keine Übermacht werden.

Was wir lächerlich finden,

hat nichts mit unserem Humor

zu tun.

□□□

Im Deutschen haben die Wörter

„fruchtbar" und „furchtbar"

furchtbar viel gemeinsam.

□□□

Leute, die einen

Dachschaden haben,

versuchen oft verzweifelt,

ihr Leben auf den Kopf zu stellen.

□□□

Glück gehabt:

Mein innerer Schweinehund

ist ein Faultier.

Gibt man rechtzeitig Fersengeld,

kann man sich viel Lehrgeld

ersparen.

□□□

Die auf dem hohen Ross sitzen,

lieben Menschen, die ihnen

zu Füßen liegen.

□□□

Unser Fell sollte

nicht so dick sein,

dass uns nichts mehr

unter die Haut geht.

□□□

Was andere an uns lieben,

sollten wir uns lieber

nicht abgewöhnen.

Wenn man Gefühle

ausdrückt,

zeigen sie ihre Tiefe.

□□□

Eine einseitige Liebesbeziehung

kann zwei Menschen

unglücklich machen.

□□□

Was sich rasend schnell

herumspricht,

braucht man nicht mehr

an die große Glocke zu hängen.

□□□

Wer tiefstapelt,

hat mehr Luft nach oben.

Wer in Saus und Braus lebt,

hat zwei Hauptwohnsitze.

□□□

Auf lange Sicht brauchen wir

für ein glückliches Leben

viele glückliche Augenblicke.

□□□

Manche Leute haben

von vornherein immer

mehr Glück als Verstand.

□□□

Viele Zeitgenossen haben

unsagbares Glück:

Sie sind zwar auf den Kopf gefallen,

nicht aber auf den Mund.

Erlebnisse bringen

Leben ins Leben. -

□□□

Um übers Ziel

hinauszuschießen,

braucht man eigentlich

gar kein Ziel.

□□□

Die Zeit arbeitet nur für jene,

die ihr Zeit lassen.

□□□

Viele Menschen

merken gar nicht,

dass ihnen viel Zeit

gestohlen wird.

Wenn man sieht,

worüber manche Leute lachen,

vergeht einem das Lachen.

❑❑❑

Wer an innerer Größe zunimmt,

kann über sich hinauswachsen.

❑❑❑

Menschen

mit einem Heiligenschein

wollen den Anschein erwecken,

dass sie leuchtende Beispiele sind.

❑❑❑

Was man liebgewonnen hat,

will man nie wieder

aus den Augen verlieren.

Wenn es um ein gemeinsames

Großes geht, ist Kleinlichkeit

fehl am Platz.

□□□

Baut man zu viele Luftschlösser,

verbaut man sich die Zukunft.

□□□

Will man immer tun,

was ankommt, muss man

immer tun, was die anderen

wollen.

□□□

Unfreiwilliger Humor

kann durchaus

köstlich sein.

Wer weiß,

was man nicht macht,

macht bereits vieles richtig.

□□□

Von Menschen,

die einem zusagen,

lässt man sich leichter

etwas sagen.

□□□

Auch die Dummheit

geht mit der Mode.

□□□

Wenn man einander

in und auswendig kennt,

braucht man sich

nichts mehr vormachen.

Zu einem bewegten Leben

gehören Höhepunkte

und Tiefschläge.

□□□

Wer um jeden Umweg

einen großen Bogen macht,

ist anfällig für Irrwege.

□□□

Man sollte nie

gescheiter daherreden

als man denken kann.

□□□

Für jene, die wissen,

was sich gehört,

sollten wir immer

ein offenes Ohr haben.

Wer etwas auf die Beine

stellen will, muss aufpassen,

dass ihm niemand

ein Bein stellt.

□□□

Kurzweiliges hat oft

eine kurze Langzeitwirkung.

□□□

Manche Menschen haben es

immer so eilig, dass man sie

normalerweise

nur von hinten sieht.

□□□

Wer sich mehr Zeit

für weniger nimmt,

hat mehr davon.

Was wir hören wollen,

lassen wir uns gerne

sagen.

☐☐☐

Will man weiterdenken,

braucht man

einen Standpunkt.

☐☐☐

Das große Glück

kann auch dem Unglück

Tür und Tor öffnen.

☐☐☐

Wenn es klar ist,

dass man verschiedener Meinung

sein kann, kommt man besser

miteinander klar.

Wer sich immer

unterschätzt fühlt,

überschätzt sich

möglicherweise oft.

□□□

Das Vergessen

braucht man wenigstens

nicht üben.

□□□

Die Gedanken von Dummköpfen

wirken irgendwie kopflos.

□□□

Solange uns noch

einige Türen offenstehen,

sind wir noch nicht weg

vom Fenster.

Die wissen,

was sie erreichen wollen

und können,

können es weit bringen.

□□□

Unsere Gewohnheiten

und die Bequemlichkeit:

ziemlich beste Freunde.

□□□

Böse Menschen

können sich

keinen guten Ruf leisten.

□□□

Schwermütige Menschen

tun sich mit der Leichtigkeit

besonders schwer.

Was man kapiert hat,

braucht man nicht mehr

zu kopieren.

□□□

Wer Angst hat,

etwas Falsches zu sagen,

muss oft schweigen.

□□□

Eine Wolke kann die Sonne

verdunkeln,

ein Wort kann das Leben

in den Schatten stellen.

□□□

Noch nie gab es so viele

gescheite Menschen –

und so viele Dummköpfe.

Wenn die Gefühle abheben,

ist es wichtig, dass der Verstand

am Boden bleibt.

□□□

Zwei verschiedene Paar Schuhe:

was wir vorhaben

und was wir vor uns haben.

□□□

Manche Leute wollen sich

durchs Nachreden

das eigene Nachdenken

ersparen.

□□□

Unser freie Wille

weiß auch nicht immer,

was er eigentlich will.

Himmel und Erde in Bewegung

zu setzen, ist manchmal leichter

als der Sprung über den eigenen

Schatten.

□□□

Wer den Kopf hängen lässt,

verliert den Himmel

aus den Augen.

□□□

Schön, wenn jedes Jahr

eine Handvoll unvergessliche

Augenblicke dabei sind.

□□□

Wer ständig um den heißen Brei

herumredet, verbrennt sich

irgendwann die Zunge.

Unser Verstand und unser Herz

dürfen verschiedener Meinung sein,

aber sie dürfen

sich nicht verfeinden.

□□□

Umsichtige Menschen

üben Vorsicht und Nachsicht.

□□□

Was einem schwer

im Magen liegt,

sollte man nie

auf die leichte Schulter

nehmen.

□□□

Menschliche Kälte

kennt keine Temperatur.

Die größten Enttäuschungen

haben ihren Ursprung

in zu großen Erwartungen.

□□□

Mit der Lüge muss man es

nicht so genau nehmen,

mit der Wahrheit schon.

□□□

Menschen,

die wenig denken,

glauben viel zu viel.

□□□

Will man allen aus dem Weg gehen,

denen man nicht begegnen möchte,

muss man zuhause bleiben.

Bei den meisten,

die uns etwas vormachen,

ist nichts dahinter.

□□□

Wenn Begeisterung

Freude macht,

kann sie viel erreichen.

□□□

Das vorrangige Ziel

mancher Leute ist, immer

weit übers Ziel zu schießen.

□□□

Geht man im Kreis,

geht man wenigstens

nicht zu weit.

Eine Einsicht

schärft den Blick

für das Wesentliche.

□□□

Berührungspunkte

sind lebenswichtig,

aber es sollten

nicht zu viele sein.

□□□

Ein mühevoller Anfang

ist noch kein Scheitern.

□□□

Den Gedanken mancher Leute

merkt man an, dass sie

direkt aus dem Kleinhirn

kommen.

Aufrichtige Menschen

erkennt man auch

an ihrer aufrechten Haltung.

□□□

Wenn es um ihre

Humorlosigkeit geht,

verstehen die meisten

keinen Spaß.

□□□

Wir können uns nicht gleichzeitig

am Herzen und in den Haaren

liegen.

□□□

Wer immer für alles

offen ist, wird

irgendwann leer.

Wer einen guten Riecher hat,

ist den anderen meistens

eine Nasenlänge voraus.

□□□

Wer mit der Zeit gehen will,

muss nach der Uhr leben.

□□□

Schweigt man zu lange,

besteht die Gefahr

des Verstummens.

□□□

Wenn wir etwas hinter uns

lassen wollen,

müssen wir es vorher

loslassen.

Ohne gegenseitige Anerkennung

und Wertschätzung

kann die Liebe nicht wachsen.

□□□

Wer Gelassenheit übt,

schont seine Reserven.

□□□

Der glückliche Zufall

fällt uns manchmal

gar nicht als solcher auf.

□□□

Will man gewisse Leute

auf Erden loswerden,

braucht man sie nur

in den Himmel zu loben.

Das Handtuch sollte man

bereits werfen, bevor

man baden geht.

□□□

Besserwisser

mögen keine Mitwisser.

□□□

Lebe! Liebe! Lache!

Das Leben ist zu kurz für

lange Gebrauchsanweisungen.

□□□

Am Ende wird alles gut.

Leider befinden wir uns

erst am Anfang vom Ende.

BUCHTIPP

Herztöne: Gedichte und Gedanken

Ernst Ferstl, BOD 2020, Hardcover, 124 Seiten,
18 Euro, ISBN: 9783749480296

NEUE SICHTWEISE

Mit den Augen

der Hoffnung

sehen wir weiter.

Mit den Augen

des Herzens

sehen wir tiefer.

Mit den Augen

der Liebe

sehen wir weiter

und tiefer.

Menschen,

die es verstehen,

uns zu verstehen,

sind Geschenke

des Himmels.

Eine harmonische

Beziehung braucht

eine Mischung

von Geborgenheit

und Freiheit.

AKTUELLE ERNST FERSTL APHORISMENBÄNDE:

2014: "**Ausgedrückte Eindrücke**", BOD

2015: "**Punktgenau**", BOD

2017: "**Wenn ein Wort sitzt,
         kann man es stehen lassen**", Bellaprint V.

2018: "**Andenken**", BOD

2018: "**Denkwege**", BOD

2019: "**Denkworte**", BOD

2019: "**Übrigens**", BOD

2020: "**Sozusagen**", BOD

2020: "**Standpunkte**", BOD

ERNST FERSTL

HP: www.gedanken.at

E-Mail: ernstferstl@aon.at

Geb. 1955 in Neunkirchen (Niederösterreich),
  lebt mit seiner Familie in Zöbern/Bucklige Welt,
  Lehrer an der HS und NMS in Krumbach,
  in Pension.

Schreibt Aphorismen, Gedichte und Kurztexte.

Veröffentlichte bisher mehr als 30 Bücher
  in österreichischen und deutschen Verlagen.